El cumpleaños de Washington

Kelly Rodgers

Asesoras

Diana Cordray
Administradora del centro educativo
George Washington's Mount Vernon

Shelley Scudder
Maestra de educación de estudiantes dotados
Broward County Schools

Caryn Williams, M.S.Ed.
Madison County Schools
Huntsville, AL

Créditos de publicación

Conni Medina, M.A.Ed., *Gerente editorial*
Lee Aucoin, *Diseñadora de multimedia principal*
Torrey Maloof, *Editora*
Marissa Rodriguez, *Diseñadora*
Stephanie Reid, *Editora de fotos*
Traducción de Santiago Ochoa
Rachelle Cracchiolo, M.S.Ed., *Editora comercial*

Créditos de imágenes: págs. 11, 19 Alamy; pág. 7 Album/Prisma/Newscom; págs. 10, 20 The Bridgeman Art Library; pág. 9 Getty Images; pág. 22 Gilbert Charles Stuart, 1976; pág. 5 JoeInSouthernCA (CC-BY-ND)/Flickr; pág. 29 (abajo) Joey Rice; pág. 6 The Library of Congress [LC-USZC2-3793]; pág. 8 The Library of Congress [LC-DIG-pga-02152]; pág. 14–15 The Library of Congress [LC-USZC4-2737]; pág. 16 The Library of Congress [LC-USZC4-2135]; pág. 17 The Library of Congress [LC-USZC2-3310]; pág. 21(arriba) The Library of Congress [LC-USZC4-10314]; pág. 23 The Library of Congress [LC-USZC4-12934]; págs. 12, 18–19, 32 Picture History/Newscom; pág. 13 Public Domain; pág. 24 The Orange County Register/Newscom; pág. 25 UPI/Newscom; todas las demás imágenes pertenecen a Shutterstock.

Teacher Created Materials
5301 Oceanus Drive
Huntington Beach, CA 92649-1030
http://www.tcmpub.com
ISBN 978-1-4938-0535-8
© 2016 Teacher Created Materials, Inc.
Printed in China
Nordica.072018.CA21800640

Índice

George está en todas partes

Su cara está en el billete de un dólar. También está en la moneda de 25 centavos. Su imagen puede estar en la pared de tu salón de clases. ¡George Washington está en todas partes!

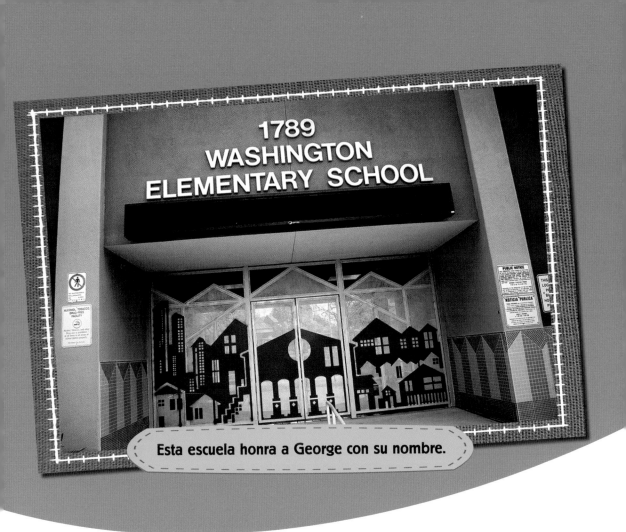

Esta escuela honra a George con su nombre.

Hay ciudades que llevan su nombre. Hay calles que llevan su nombre también. Incluso algunas escuelas llevan su nombre. Su cumpleaños es un día festivo. ¿Sabes por qué **celebramos** el cumpleaños de George todos los años?

George fue un gran líder durante la Revolución estadounidense. Esta fue la guerra que hizo de los Estados Unidos un país independiente. George también fue el primer presidente de los Estados Unidos.

George lidera el ejército en la Revolución estadounidense.

George fue un hombre valiente. Era honesto y trabajó duro. Hoy en día, es conocido como el padre de nuestro país.

George Washington

La peluca de George

Mucha gente cree que George usaba una peluca. Pero no fue así. Le echaba polvo a su pelo color castaño para que se viera blanco. Muchas personas llevaban el pelo así en la época de George.

El joven George

George nació el 22 de febrero de 1732. Creció en la **colonia** de Virginia. Una colonia es una zona gobernada por otro país. El rey Jorge de Gran Bretaña gobernaba las 13 colonias de Norteamérica.

El joven George con su padre.

George llegó a ser alto y fuerte. Aprendió a ser **topógrafo**. Esto es alguien que mide la tierra. Más tarde, George se hizo granjero.

Hombre de la milicia

George fue también oficial en la milicia de Virginia. La milicia es como un ejército que se usa en casos de emergencia.

George mide la tierra.

En 1759, George se casó con Martha. Juntos, hicieron una casa en Mount Vernon. Mount Vernon era la granja de la familia Washington.

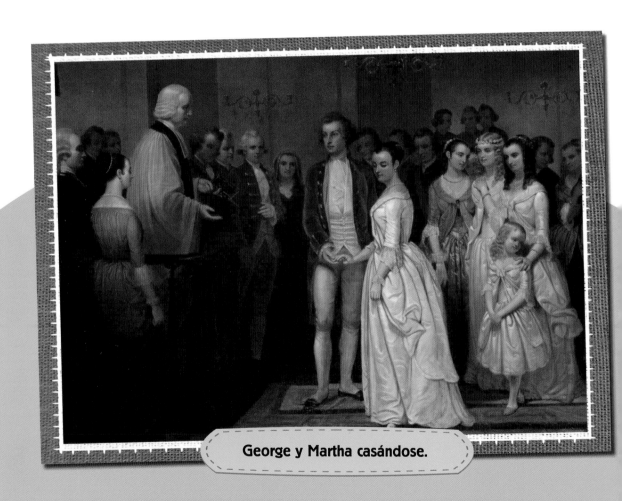

George y Martha casándose.

A George le encantaba trabajar en su granja. Siempre intentaba encontrar nuevas formas de hacer crecer sus cultivos. Su cultivo principal era el trigo.

George trabaja en su granja.

George fue también un líder de Virginia. La gente apreciaba a George. Era tranquilo e inteligente. Ayudó a hacer nuevas leyes para Virginia.

¡Solo por diversión!

A George también le gustaba divertirse. Le encantaba ir al teatro. También le gustaban la música y el baile.

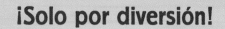

George cuando era joven.

12

A George no le gustaban las leyes que el rey Jorge hizo para las colonias. Pensaba que el rey era injusto. George quería que las colonias fueran libres.

El rey Jorge

¡Guerra!

En 1775, hubo peleas entre los **colonos** y los soldados de Gran Bretaña. Esto dio inicio a la Revolución estadounidense. Las colonias estaban ahora en guerra con Gran Bretaña.

George lidera el Ejército estadounidense.

George fue a Filadelfia. Allí se reunió con líderes de las otras colonias. Ellos eligieron a George para liderar su ejército.

Los primeros combates

Los combates que comenzaron la Revolución estadounidense tuvieron lugar el 19 de abril de 1775. Ocurrieron en las ciudades de Lexington y Concord, en Massachusetts.

Ellos son soldados norteamericanos.

Los soldados de George no estaban bien entrenados. El Ejército británico era grande y fuerte. Había peleado en muchas guerras. El ejército de George trabajó duro. Pelearon durante ocho largos años. Ganaron algunas batallas. Pero también perdieron otras.

Los norteamericanos aclaman a su líder, George Washington.

George demostró ser un líder fuerte. La guerra terminó en 1783. ¡El ejército de George había ganado! Las colonias eran libres. Eran un nuevo país llamado los Estados Unidos de América.

George sabía que el nuevo país necesitaba un **gobierno** justo. También necesitaba nuevas leyes. En 1787, los líderes se reunieron para hacer planes para el futuro. Le pidieron a George que dirigiera la reunión.

George ayuda a los líderes a redactar la Constitución.

Después, los líderes redactaron la **Constitución** de los Estados Unidos. Esta es el principal conjunto de leyes del país. Decía que habría un presidente, y no un rey.

Esta es la Constitución.

George se convierte en el primer presidente de los Estados Unidos.

El presidente Washington

El país necesitaba ahora un presidente. Todos los líderes **votaron** por George. Fue el primer presidente de los Estados Unidos.

Este es Mount Vernon hace mucho tiempo.

De vuelta a casa

Cuando George terminó de ser presidente, regresó a su casa en Mount Vernon. Le gustaba estar en su granja con su familia.

Este es Mount Vernon hoy.

George sabía que tenía un trabajo importante. Trabajó duro. Escuchó lo que la gente quería. Durante ocho años, ayudó al nuevo país a crecer con fuerza.

Día festivo estadounidense

Los estadounidenses **respetaban** a George. Había hecho mucho por ellos. Ayudó a las colonias a alcanzar la libertad. Ayudó a formar el nuevo país. Luego, sirvió como el primer presidente. George era un héroe.

Él es George como presidente.

Los estadounidenses querían **honrar** a George. En 1879, su cumpleaños se convirtió en un día festivo. Así, los futuros estadounidenses aprenderían sobre George. Ellos también lo verían como un héroe.

Este cartel fue usado en Nueva York en la década de 1890.

En 1971, los líderes movieron algunos días festivos a los lunes. Esto dio a la gente otro día libre en el trabajo y en la escuela. También movieron el día festivo de George. Ahora es el tercer lunes de febrero.

Este hombre se viste como George para celebrar el Día de los Presidentes.

Este día se vino a conocer como el Día de los Presidentes. Personas de todo el país celebran este día festivo. Rinden homenaje a todos los presidentes.

Cinco presidentes posan para una foto en 2009.

George fue un héroe de guerra y un líder fuerte. Estableció un buen ejemplo para los futuros presidentes. También mostró a la gente cómo ser buenos **ciudadanos**.

Esta estatua muestra a George como un héroe estadounidense.

Más de 200 años después de su muerte, George Washington todavía hace que los estadounidenses se sientan orgullosos. Siempre será recordado como uno de los líderes más grandes de Estados Unidos.

¿Lo sabías?

La capital de la nación lleva el nombre de Washington, D. C., en honor a George. La capital es donde se encuentran las principales oficinas del gobierno del país.

Washington, D. C.

¡Dibújalo!

La siguiente es una foto del Monumento a Washington en Washington, D. C. Fue construido en honor a George Washington. Piensa en algo que podrías construir en honor a George Washington. Dibújalo.

Este es el Monumento a Washington.

La niña dibuja una estatua de George Washington.

Este es su dibujo.

Glosario

celebramos: hacemos algo especial o divertido en un evento o día festivo importante

ciudadanos: miembros de un país o lugar

colonia: una zona gobernada por un país ajeno

colonos: personas que viven en una zona gobernada por otro país

constitución: el sistema de creencias y leyes por las cuales se guía un país

gobierno: un grupo de líderes que toman decisiones para un país

honrar: respetar a alguien que es admirado

respetaban: admiraban

topógrafo: una persona que examina y mide la tierra

votaron: eligieron en una elección

Índice analítico

¡Tu turno!

Legislador

George Washington ayudó a redactar la Constitución. Es el principal conjunto de leyes de nuestro país.

Imagina que tu labor consiste en escribir una constitución para tu hogar. ¿Qué leyes o reglas escribirías?